BEI GRIN MACHT SICH IHR
WISSEN BEZAHLT

Bibliografische Information der Deutschen Nationalbibliothek:

Die Deutsche Bibliothek verzeichnet diese Publikation in der Deutschen National-
bibliografie; detaillierte bibliografische Daten sind im Internet über http://dnb.d-
nb.de/ abrufbar.

Impressum:

Copyright © 2018 GRIN Verlag
Druck und Bindung: Books on Demand GmbH, Norderstedt Germany
ISBN: 9783346194251

Sarah Insacco

Sentiment-Analyse von "The Sims 4" auf Twitter. Einsatz von Tweepy und TextBlob über ein Python-Skript zur Meinungsanalyse

GRIN Verlag

GRIN - Your knowledge has value

Der GRIN Verlag publiziert seit 1998 wissenschaftliche Arbeiten von Studenten, Hochschullehrern und anderen Akademikern als eBook und gedrucktes Buch. Die Verlagswebsite www.grin.com ist die ideale Plattform zur Veröffentlichung von Hausarbeiten, Abschlussarbeiten, wissenschaftlichen Aufsätzen, Dissertationen und Fachbüchern.

Besuchen Sie uns im Internet:

http://www.grin.com/

http://www.facebook.com/grincom

http://www.twitter.com/grin_com

Justus-Liebig-Universität Gießen

Fachbereich 05

Institut für Germanistik

Sentiment Analysis an 280 Zeichen: Einsatz von *Tweepy* und *TextBlob* über ein Python-Skript zur Meinungsanalyse auf *Twitter*.

Veranstaltung: Text- und Korpustechnologie II

Name: Sarah Insacco

Studiengang: SLK (HF: Computerlinguistik und Texttechnologie; NF: Germanistische Linguistik – Texte, Medien, Sprachkompetenz)

Semesterzahl: 03

Inhaltsverzeichnis

1. Einleitung

Die Frage danach, wie sich Menschen über bestimmte Ereignisse, Themen, Personen und dergleichen auf einer Meinungs- und Gefühlsebene äußern, ist vor allem heutzutage, da theoretisch jedermann über eine öffentliche Stimme dank des Internets und seiner diversen sozialen Plattformen verfügt, besonders spannend und aufschlussreich. Unter anderem davon inspiriert ist das Forschungsfeld der Sentiment Analysis, welches sich eben damit auseinandersetzt, auf welche Arten und Weisen Meinungen, Gefühle und Stimmungen von Menschen zu den unterschiedlichsten Dingen zum Ausdruck gebracht werden, und wie sie sich ggf. kategorisieren und quantifizieren lassen – sowohl für wissenschaftlich geprägte Zwecke als auch für diverse Marketing-Absichten (vgl. Pak et al. 2010, S. 1320). Das Internet als eine schier unendliche Quelle von verfügbarem Datenmaterial für ebendiese Zwecke und Absichten nimmt dabei eine besonders tragende Rolle ein, da in einer Vielzahl der sozialen Netzwerke und sozialen Medien eine enorme Bandbreite von unterschiedlichen alltäglichen und weniger alltäglichen Ereignissen, Themen, Personen etc. von verschiedensten Menschen diskutiert und bewertet werden (vgl. ebd.).

Der Schwerpunkt dieser Hausarbeit liegt indes auf einem bestimmten Untersuchungsgegenstand, der für eine eigene Sentiment-Analyse herangezogen werden soll. Bei diesem Untersuchungsgegenstand handelt es sich um das bisweilen kontroverse Videospiel *The Sims 4*, welches insbesondere in jüngerer Zeit auf unterschiedlichen sozialen Plattformen im Internet diskutiert worden ist. Im Vordergrund steht dabei die Annahme, dass es aufgrund seiner mitunter kontroversen Natur vor allem häufig aus einer kritischen, wenn nicht sogar negativen Perspektive heraus diskutiert und bewertet wird; daraus schließt sich die Hypothese, dass sich entsprechend eine wesentliche Anzahl von negativ besetzten Meinungen und Gefühlen auf der ausgewählten sozialen Plattform, nämlich *Twitter*, wiederfinden lassen sollte. Bevor sich dem Schwerpunkt der vorliegenden Hausarbeit gewidmet wird, wird ein Überblick über den Stand der Forschung von Sentiment Analysis vollzogen; im Zuge dessen wird ebenso erläutert, was sie umfasst und zu bewerkstelligen versucht. Im Anschluss daran wird das methodische Vorgehen erläutert, das der eigenen Sentiment-Analyse zugrunde liegt: Zunächst einmal wird auf die soziale Plattform eingegangen, auf der das Datenmaterial zum Untersuchungsgegenstand gesammelt wird. Auch der Untersuchungsgegenstand selbst wird ein wenig genauer beleuchtet. Die für die Sentiment-Analyse verwendete Software wird dann vorgestellt; gearbeitet wird hier mit einer integrierten Entwicklungsumgebung für Python – *PyCharm* – und den Python-Bibliotheken *Tweepy* und *TextBlob*. Daran schließt sich die schrittweise Erklärung des Python-Skripts an, mit dem die Sentiment-Analyse durchgeführt wird. Eine erste kritische Auswertung der Ergebnisse und ein abschließendes Fazit komplettieren die vorliegende Hausarbeit.

2. *Sentiment Analysis*: Definition und Stand der Forschung

Sentiment Analysis bzw. *Opinion Mining* stellt ein wesentliches Forschungsfeld im *Natural Language Processing* dar und umfasst die Auseinandersetzung mit und die Analyse von menschlichen Empfindungen, Gefühlen und Beurteilungen zu unterschiedlichen Entitäten, Ereignissen und Themen, insbesondere in großen Datensammlungen (vgl. Evangelopoulos et al. 2016, S. 261; vgl. weiterhin Agarwal et al. 2011, S. 31). Herausgebildet hat sich das Forschungsfeld der Sentiment Analysis um das Jahr 2000; es lässt sich also als ein relativ neues Forschungsfeld klassifizieren, das insbesondere durch die zunehmende Verwendung von sozialen Netzwerken und sozialen Medien im Internet auf stetig wachsende Datenmengen Zugriff erhält und an Auftrieb gewinnt (vgl. Agarwal et al. 2011, S. 30). Angetrieben von dieser zunehmenden Verwendung von sozialen Netzwerken und sozialen Medien ist somit auch der Wunsch von diversen Unternehmen, Organisationen etc., ebensolche Netzwerke und Medien nach denjenigen Daten zu durchforsten, die ihnen Aufschluss darüber geben, welche Meinungen, Gefühle und dergleichen von ihrer (potenziellen) Kundschaft über ihre Produkte und/oder Serviceleistungen geäußert werden. Entsprechend ist auch vermehrt das Entstehen von Unternehmen zu verzeichnen, die Sentiment Analysis als eine Dienstleistung anbieten (vgl. Kouloumpis et al. 2011, S. 538; vgl. weiterhin Dayal et al. 2011, S. 275). Hierin lässt sich also ein zentrales Anwendungsfeld dieses Forschungsfelds verorten.

Das Verfahren der Sentiment Analysis stützt sich in der Regel auf eine Art Lexikon, in dem Wörtern positive, negative und neutrale Empfindungseigenschaften zugeschrieben werden und die demgemäß in der zu analysierenden Datenmenge ausfindig gemacht werden sollen; diese Wörter werden dann auch als *Sentiment Terms* bezeichnet (vgl. Evangelopoulos et al. 2016, S. 261). Zu beachten gilt an dieser Stelle jedoch, dass der – positive, negative oder neutrale – Bedeutungsgehalt dieser Sentiment Terms von unterschiedlichen Faktoren beeinflusst werden kann, die sich in einem solchen Lexikon nicht unbedingt festhalten lassen. Zu diesen Faktoren zählt u.a. der unmittelbare Kontext, in dem sie verwendet werden, der beispielsweise wiederum von Ironie, Sarkasmus, Humor usw. beeinflusst werden kann (vgl. ebd.). Entscheidend ist darüber hinaus das Vorhandensein und die Häufigkeit der positiven, negativen und neutralen Sentiment Terms, um ein Dokument bzw. eine Dokumentensammlung, eine Phrase oder einen Aspekt derselben als positiv, negativ oder neutral einzuordnen (vgl. ebd., S. 264). Insgesamt lässt sich Sentiment Analysis demnach auf den drei folgenden Ebenen vollziehen:

- *Dokumentebene*: Ein gesamtes Dokument bzw. eine gesamte Dokumentensammlung wird in seiner Gesamtheit als positiv, negativ oder neutral klassifiziert.
- *Satzebene*: Jeder einzelne Satz eines Dokuments oder einer Dokumentensammlung wird als positiv, neutral oder negativ klassifiziert.
- *Aspekt- bzw. Eigenschaftsebene*: Auf dieser detaillierten Ebene werden einzelne Aspekte oder Eigenschaften, die in den Sätzen/dem Dokument beurteilt o.ä. werden, als positiv, neutral oder negativ klassifiziert.

Ein weiterer und ebenso zentraler Aspekt der Sentiment Analysis besteht in der Auseinandersetzung mit der Polarität und Subjektivität von Wörtern und Phrasen bzw. Sätzen, da beide Eigenschaften maßgeblich zu der Bestimmung von Sentiment Terms als positiv, negativ oder neutral beitragen (vgl. Kouloumpis et al. 2011, S. 538). Hier wird mitunter insbesondere die Arbeit mit *Trainingsdaten* in den Mittelpunkt gerückt, die bspw. bei Analysen, die auf Basis von Twitter-Daten erfolgen, mithilfe von *Emoticons*[1] oder *Hashtags*[2] erstellt wird. (vgl. ebd.; vgl. weiterhin Agarwal et al. 2011, S. 31). Twitter stellt dabei insgesamt eine ergiebige und zudem äußerst zeitgenössische Datenquelle für Sentiment Analysis dar, da auf Twitter ein breites Spektrum von unterschiedlichen Entitäten, Ereignissen und Themen diskutiert wird – damit geht allerdings auch die Herausforderung einher, sich thematisch

---

[1] Die Kategorisierung der Sentiment Terms erfolgt dann bspw. über :-)/☺, die als positiv definiert werden, während negative Sentiment Terms auf Basis von :-(/☹ klassifiziert werden.
[2] Hashtags, zu erkennen am #-Symbol, werden insbesondere auf Twitter häufig dazu genutzt, ein Thema, ein Ereignis etc. hervorzuheben; somit werden einzelne Tweets durch die Verwendung von Hashtags oftmals entsprechend einem Thema, Ereignis etc. zugeordnet (vgl. Murthy 2013, S. 3).

festzulegen und einzuschränken, um nicht von der potenziellen Masse an Daten überfordert zu werden. Als das Forschungsfeld der Sentiment Analysis noch im Begriff war, sich als solches herauszukristallisieren und zu manifestieren, wurden erst einmal vor allem Daten in Onlinerezensionen und Nachrichtenartikeln gesammelt (vgl. Kouloumpis et al. 2011, S. 538). Mittlerweile hat sich jedoch der Fokus deutlich auf Plattformen wie Twitter, Facebook usw. verschoben.

Es handelt sich also bei Sentiment Analysis um ein vergleichsweise neues Forschungsfeld, welches sich gegenwärtig vor allem auf die Datensammlung und -analyse in solchen Webservices konzentriert, die es Menschen ermöglichen, ihre Meinungen, Gedanken und Gefühle zu allerlei unterschiedlichen Dingen zum Ausdruck zu bringen. Twitter stellt dabei eine besonders interessante und potenziell aufschlussreiche Plattform dar, die im nächsten Kapitel detailliert wird.

3. Methodische Grundlagen

Nachdem nun ein erster Einblick in das Forschungsfeld der Sentiment Analysis erfolgt ist, sollen nun diejenigen methodischen Grundlagen vorgestellt werden, die für die eigene Sentiment-Analyse in der vorliegenden Hausarbeit relevant sind. Zunächst wird auf die Quelle für das in der Analyse verwendete Datenmaterial eingegangen – Twitter –, und auch der damit zusammenhängende Untersuchungsgegenstand – *The Sims 4* – soll hinsichtlich seiner kontroversen Natur kurz umrissen werden. Im Anschluss daran wird sowohl in die verwendete Software als auch die benötigten Python-Bibliotheken eingeführt, damit schließlich das Python-Skript für die eigene Sentiment-Analyse Schritt für Schritt erläutert werden kann.

3.1.   Datenquelle *Twitter* und Untersuchungsgegenstand *The Sims 4*

Twitter ist ein öffentlicher und webbasierter Service, der es seinen Nutzern erlaubt, mithilfe von kurzen Nachrichten – max. 280 Zeichen sind erlaubt – eine Art der asynchronen (Quasi-)Kommunikation aufrechtzuhalten. Das primäre Ziel von Twitter ist es, auf die Frage „Was passiert gerade?" kurz und bündig antworten zu können, woraus sich auch die Beschränkung auf 280 Zeichen pro Tweet ergibt. Konversationen lassen sich auf Twitter führen, indem andere Benutzer mithilfe des @-Zeichens angesprochen – *getaggt* – werden. Bemerkenswert daran ist, dass auf Twitter diesbezüglich keine Restriktionen vorherrschen; jeder Benutzer kann auf den Tweet eines anderen Benutzers sogleich reagieren und antworten, ohne ihn zwangsläufig kennen zu müssen, und auch Unternehmen, politische Figuren und Berühmtheiten, die einen eigenen Account auf Twitter pflegen, sind hiervon nicht ausgenommen. Daher bietet Twitter seinen Benutzern indirekt eine Plattform an, die sich zum Äußern von Beschwerden oder zum Hervorheben von Missständen gut eignet, da es zumindest über das Potenzial verfügt, diejenigen Personen, Unternehmen oder Organisationen direkt zu erreichen, die für einen Missstand o.ä. verantwortlich sind (vgl. Murthy 2013, S. 3): Twitter „[...] has redefined the way in which customers complain." (ebd., S. 13) Die Beliebtheit von Twitter lässt sich zum einen also auf diesen Sachverhalt zurückführen, zum anderen ist es aber auch deswegen populär, weil es vergleichsweise einfach zu benutzen ist und wenig Lern- und Zeitaufwand erfordert (vgl. ebd., S. 1).

3

Bei der Frage danach, ob es sich bei Twitter um ein soziales Netzwerk oder um ein soziales Medium handelt, sollte man sich zunächst folgende Definitionsansätze von sozialen Netzwerken und sozialen Medien vor Augen halten:

- *Soziale Netzwerke* lassen sich festlegen als Webservices, die es ihren Benutzern erlauben, ein öffentliches oder zumindest semi-öffentliches Profil zu erstellen, das sich innerhalb eines beschränkten Systems befindet insofern, als es sich in einen Kreis von anderen Benutzern eingliedern lässt, die wiederum allesamt in einer bestimmten Verbindung zueinander stehen (vgl. ebd., S.7f). Anders gesagt: Soziale Netzwerke dienen in der Regel primär dazu, den Kontakt zu Freunden, Familien oder Bekannten aufrechtzuerhalten. Zu ihnen zählen bspw. Facebook und LinkedIn (vgl. ebd., S. 8).
- *Soziale Medien* hingegen können als elektronische Werkzeuge aufgefasst werden, die weitläufig verfügbar und kostenfrei bzw. kostengünstig sind und in erster Linie der freien Informationsveröffentlichung sowie dem uneingeschränkten Informationszugriff dienen (vgl. ebd.). Weiterhin können sie dazu genutzt werden, in Gemeinschaft mit anderen Menschen auf bestimmte politische, soziale usw. Ziele hinzuarbeiten und zwischenmenschliche Beziehungen aufzubauen (vgl. ebd.). Im Gegensatz zu sozialen Netzwerken ist ihr Umfeld oftmals weniger oder gar nicht auf Freunde, Familie oder Bekannte beschränkt. Primär sind sie jedoch ein veröffentlichungsorientiertes Medium, welches sich eben durch den Zusatz „soziale" vor allem auch von den traditionellen Medien abzugrenzen versucht (vgl. ebd.).

Twitter lässt sich demnach als ein soziales Medium einstufen, das weiterhin auch eine Handvoll Gemeinsamkeiten zu Blogs aufweist, wenngleich natürlich die einzelnen Beiträge auf Twitter deutlich kürzer ausfallen. Fasst man jedoch diese Beiträge zu einem Korpus zusammen, dann kann sich durchaus das ein oder andere Narrativ herauskristallisieren, wenngleich es durchaus sprunghaft sein mag (vgl. ebd.). Insofern bietet es sich jedoch an, Twitter nicht nur als einen Teil der sozialen Netzwerke aufzufassen, sondern auch als einen *Microblog* zu definieren (vgl. ebd.). Für Microblogging-Plattformen gilt gemeinhin, dass ihre Benutzer ein öffentliches Profil auf ihnen anlegen, und über dieses kurze und öffentliche Nachrichten oder Updates übertragen; diese Nachrichten oder Updates müssen dabei nicht unbedingt an andere Benutzer gerichtet sein, können jedoch in der Regel von jedem eingesehen werden – bei Twitter, Tumblr und anderen Microblogging-Plattformen muss dabei nicht einmal ein eigener Account vorhanden sein, um einen Einblick in die öffentlichen Profile von ihren Benutzern zu erhalten (vgl. ebd., S. 10). Indessen können Benutzer dieser Plattform selbst entscheiden, über wessen Nachrichten oder Updates sie gezielt informiert werden möchten (vgl. ebd.).

Wie bereits zuvor dargelegt worden ist, bietet sich Twitter als Grundlage für die Zusammenstellung von Datenmaterial für Sentiment Analysis hervorragend an; der thematische Fokus des Datenmaterials für die eigene Analyse in der vorliegenden Hausarbeit liegt indes auf einem Videospiel – *The Sims 4* –, das erst kürzlich aufgrund einer Kontroverse eben u.a. auf Twitter diskutiert worden ist. Ausgelöst wurde diese Kontroverse durch die Bekanntgabe eines DLCs[3] für das Videospiel, welches nicht nur den Besitz des Basisspiels als solches voraussetzt, sondern darüber hinaus von bereits veröffentlichtem DLC-Inhalt abhängt, damit auf die neuen DLC-Features vollständig zugegriffen werden kann (vgl. Jovic 2018). Entsprechend wird vermutet, dass sich aufgrund dieser kontroversen Natur insbesondere dieses DLCs für das Videospiel eine Vielzahl von unterschiedlichen und ggf. polarisierenden Meinungen auf Twitter diesbezüglich wiederfinden lässt.

---

[3] DLC steht abgekürzt für *Downloadable Content*. Dabei handelt es sich um zusätzliche Inhalte für Videospiele, die in der Regel digital über unterschiedliche Plattformen vertrieben werden.

3.2.   Verwendete Software und Erläuterung des Python-Skripts

Als integrierte Entwicklungsumgebung (IDE) wird in der vorliegenden Hausarbeit *PyCharm* in der Version 2018.1 und als kostenfreie Open-Source *Community Edition* verwendet. Um auf die Twitter API (*Application Programming Interface*[4]) über das Python-Skript Zugriff zu erhalten, wird *Tweepy* in der Version 3.6.0 installiert. Für die eigentliche Sentiment-Analyse wird *TextBlob* in der Version 0.15.1 installiert: TextBlob wird für das Verarbeiten von textuellen Daten genutzt; zu diesen Verarbeitungsmöglichkeiten gehören bspw. Part-Of-Speech-Tagging, Übersetzungsvorgänge und eben auch Sentiment Analysis. Sowohl Tweepy als auch TextBlob lassen sich über das Dialogfenster für den *Project Interpreter* in PyCharm zügig einrichten, sobald der eigentliche Interpreter – in diesem Falle ein Standard-Interpreter für Python – konfiguriert worden ist. Wie diese Python-Bibliotheken für das Skript im Detail genutzt werden, wird im nächsten Abschnitt dieses Kapitels expliziert.

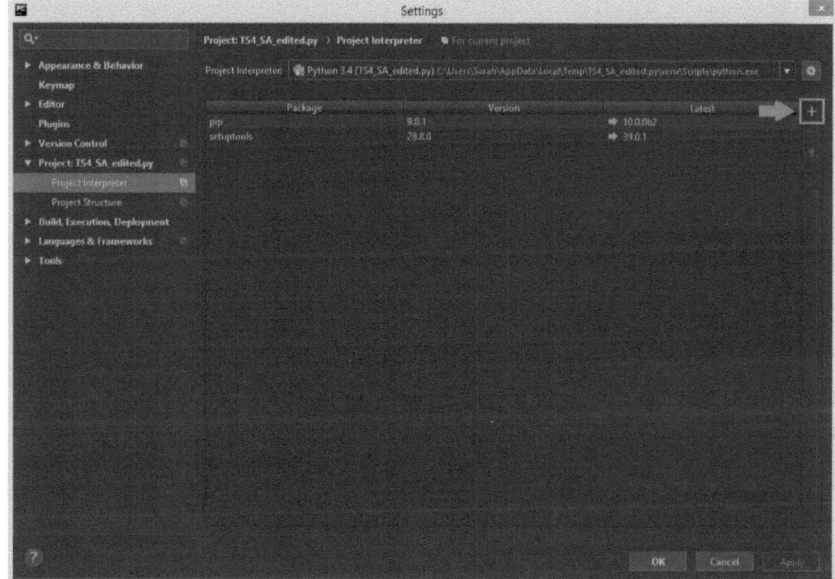

Abb. 1.: Ausschnitt der Benutzeroberfläche von PyCharm: Zu sehen ist der Project Interpreter, über den die Einrichtung des Python-Interpreters und diverser Bibliotheken für das verwendete Python-Skript erfolgt. Hervorgehoben ist die Schaltfläche, über die sich die benötigten Bibliotheken installieren lassen.

---

[4] Ein Application Programming Interface – eine Programmierschnittstelle – erlaubt den Zugriff auf (Teile einer) Software durch andere Softwareprogramme.

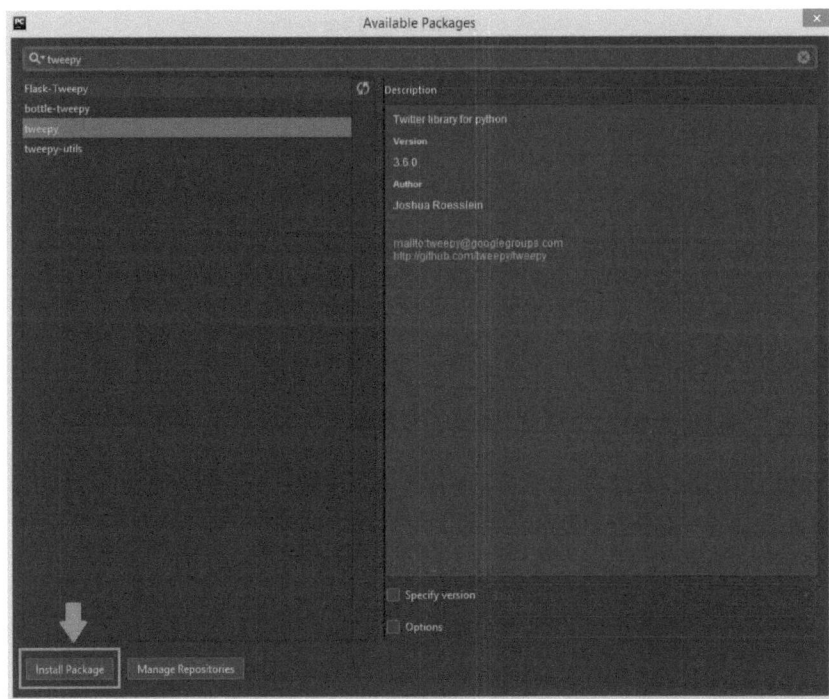

Abb. 2.: Ausschnitt der Benutzeroberfläche von PyCharm: Nachdem auf die Plus-Schaltfläche aus Abb. 1 geklickt worden ist, öffnet sich dieses Fenster, über das sich die verfügbaren Bibliotheken suchen und installieren lassen. Hervorgehoben ist entsprechend die Installationsschaltfläche.

Bevor jedoch ordnungsgemäß mit Tweepy gearbeitet werden kann, muss zuvor eine *Twitter Application* – Twitter App – eingerichtet werden. Dies lässt sich über die entsprechende Webseite (https://apps.twitter.com/) relativ unkompliziert bewerkstelligen, sofern man über einen Twitter-Account verfügt und diesen mit einer Telefonnummer verknüpft hat. Nach Kreieren der eigenen Twitter APP lassen sich entsprechende Keys und Access Tokens generieren, die dazu benötigt werden, im Python-Skript den eigenen Account zu authentifizieren.

Nach dem Erstellen einer eigenen Twitter App, der Auswahl des Python-Interpreters und der Einrichtung von Tweepy und TextBlob in PyCharm kann das Skript erstellt werden. Dieses wird im Folgenden Schritt für Schritt dargelegt. Das Python-Skript basiert auf einem Video-Tutorial von Siraj Raval.[5]

---

[5] Das Video-Tutorial ist in seiner Gänze einzusehen auf YouTube:
https://www.youtube.com/watch?v=o_OZdbCzHUA.

```
import tweepy
from textblob import TextBlob

consumer_key = "hxLf9tRAvw7CSXidr7g9ptuw8"

consumer_secret = "gn82ffVgHPbBLTonXua8QfoiP33gatld3ngDWtoLeu045FYXpG"

access_token = "981510224136818689-Cw1ZzWAVMW8cZ42y80n1sAJXSXJLJxl"

access_token_secret = "S4DvL71VACG7uR49C6obsUaMBalsvAcDfispKOwZSMWJp"
```

Im ersten Schritt werden diejenigen Variablen angelegt, die die Keys und Access Token als String beinhalten, und die zuvor mithilfe der Twitter App generiert wurden. Diese werden, wie bereits erwähnt, für den Authentifikationsprozess – also für das Login in Twitter über die Twitter API für Python – benötigt. Diesem Authentifikationsprozess wird sich im nächsten Block des Skripts gewidmet.

```
auth = tweepy.OAuthHandler(consumer_key, consumer_secret)

auth.set_access_token(access_token, access_token_secret)
```

Um den eigentlichen Authentifikationsprozess zu vollziehen, wird in der Variable *auth* die Methode festgelegt, mit der die Authentifikation des Accounts erfolgen soll; diese Methode – der *OAuthHandler* – stammt aus der Tweepy-Bibliothek und benötigt zwei Argumente – *consumer_key* und *consumer_secret* –, um die Kalkulationen auszuführen, die für den Authentifikationsprozess notwendig sind. In der nächsten Zeile wird die Variable noch um die Access Token ergänzt, die ebenfalls als insgesamt zwei Argumente – *access_token* und *access_token_secret* – mitaufgenommen werden.

```
api = tweepy.API(auth)

public_tweets = api.search('The Sims 4 Opinion', count = 100)
```

Der eigentliche Zugriff auf die Twitter API wird in der Variable *api* festgelegt; auch hier stellt Tweepy über *tweepy.API* eine Methode zur Verfügung, die mit lediglich einem Argument ausgestaltet werden muss, um das Login in Twitter über das Skript vollziehen zu können. Dieses Argument beläuft sich hier auf die Variable *auth*, die im vorherigen Schritt angelegt worden ist. Ist der Authentifikationsprozess erfolgreich, lassen sich nun allerhand Funktionen ausführen, bspw. das Erstellen, Löschen und Suchen von Tweets.

In der Variable *public_tweets* wird eine Liste der Tweets der letzten sieben Tage[6] zusammengetragen, die den bzw. die relevanten Suchbegriffe für die Sentiment-Analyse beinhalten. Im vierten Kapitel wird indes auf das Experimentieren mit unterschiedlichen Suchanfragen detaillierter eingegangen. Mithilfe der *search*-Funktion lassen sich die gesuchten Tweets finden; der Suchbegriff selbst wird als der *search*-Funktion zugehöriges Argument im String-Format angegeben; weiterhin lässt sich die Anzahl der Ergebnisse mithilfe des optionalen *count*-Parameters auf bis zu 100 Tweets festlegen.

---

[6] Dieser zeitliche Rahmen ist von der Twitter Search API, mit der Tweepy sich verbindet, vorgegeben, vgl. https://developer.twitter.com/en/docs/tweets/search/overview/standard.html

```
pos = 0

neu = 0

neg = 0

    tweet      public_tweets:

        (tweet.text)

        analysis = TextBlob(tweet.text)

            (analysis.sentiment)

            analysis.sentiment.polarity > 0:

                ("Positive")

                pos = pos + 1

            analysis.sentiment.polarity == 0:

                ("Neutral")

                neu = neu + 1

            :

                ("Negative")

                neg = neg + 1

    ("Positive:    ", pos)

    ("Neutral:    ", neu)

    ("Negative:    ", neg)

    ("Total:      ", pos + neu + neg)
```

Im letzten Block des Skripts soll nun die eigentliche Sentiment-Analyse erfolgen. Um am Ende beim Ausführen des Skripts eine Übersicht mit positiven, neutralen und negativen Tweets zu erhalten, werden vorbereitend erst einmal insgesamt drei Variablen – *pos, neu* und *neg* – erstellt, die jeweils mit dem Wert 0 ausgefüllt werden. Diese Variablen werden an späterer Stelle innerhalb der *if*-Funktion genutzt, um jeweils die positiven, neutralen und negativen Tweets den entsprechenden Sentiments zuzuordnen und geordnet ausgeben zu lassen.[7]

Nun wird eine *for*-Schleife angelegt, die u.a. die soeben erwähnte *if*-Funktion umfasst. Mithilfe dieser Schleife wird jeder Wert in einer Liste entsprechend der angegebenen Funktionen innerhalb der Schleife verarbeitet, im vorliegenden Falle also jeder Tweet, der in *public_tweets* entsprechend des verwendeten Suchbegriffes enthalten ist. Erst einmal soll sichergestellt werden, dass jeder Tweet aus *public_tweets* als String ausgegeben wird, um so beim Ausführen des Skripts den Inhalt der Tweets direkt vor Augen zu haben; dies wird mittels der print-Funktion und *tweet.text* bewerkstelligt.

Hiernach kommt TextBlob ins Spiel: In der Variable *analysis* wird *TextBlob* auf *tweet.text*, also auf die Tweets als Strings, angewendet, um ein TextBlob-Objekt zu kreieren, welches entsprechend im

---

[7] Diese if-Schleife ist im Video-Tutorial selbst nicht vorhanden und wurde selbstständig zum Python-Skript hinzugefügt.

nächsten Schritt weiterverarbeitet werden kann mit den Funktionen, die diese Bibliothek zur Verfügung stellt. Im vorliegenden Falle sind die jeweiligen Sentiments der einzelnen Tweets von Interesse, weswegen die *sentiment*-Funktion auf die *analysis*-Variable angewendet wird; zudem sollen deren Ergebnisse sogleich mit *print* ausgegeben werden. Diese Ergebnisse enthalten sowohl den Polaritäts- als auch den Subjektivitätswert eines Tweets, die beide auf einer Skala von -1 bis 1 gemessen werden. -1 ist das negative Extrem auf der Polaritätsskala, während 1 demgemäß das positive Extrem repräsentiert.

Die *if*-Funktion besteht aus insgesamt drei Bedingungen; hier wird festgelegt, wann ein Tweet als positiv, negativ oder neutral kategorisiert werden soll. Dazu wird die soeben erwähnte Polaritätsskala zur Hilfe genommen: Mithilfe von *sentiment.polarity*, angewendet auf die *analysis*-Variable, wird festgelegt, dass positive Tweets dann als solche gelten, wenn ihr Polaritätswert größer als 0 ist, während neutrale Tweets dem Wert 0 entsprechen sollen. Tweets, die keiner dieser beiden Bedingungen entsprechen, sollen als negativ gewertet werden. Für jede einzelne Bedingung wird zudem noch festgelegt, dass ihre Ergebnisse jeweils den anfangs erstellten Variablen *pos*, *neu* und *neg* zugeordnet werden sollen.

Zu guter Letzt sollen sämtliche Ergebnisse übersichtlich aufgelistet werden; auch hierfür wird wieder mit der *print*-Funktion gearbeitet. Der String *Positive* bzw. *Negative* bzw. *Neutral* wird vor der Anzahl der entsprechend kategorisierten Tweets angezeigt. \t fügt einen Tab zwischen dem String und der Anzahl ein. Die Gesamtanzahl aller Tweets – positiv, neutral und negativ – wird durch das simple Addieren der Ergebnisse von *pos*, *neu* und *neg* als „Total" angezeigt.

Der Output dieses Skripts gestaltet sich dann folgendermaßen:

```
#Der eigentliche Tweet:
The Sims 4 is selling DLC for a 4 year old game for £32.99 each.
You can buy full games for less than a single Sim… https://t.co/xCCGRfydoR
#Der Polaritäts- und Subjektivitätswert des Tweets:
Sentiment(polarity=-0.03761904761904763, subjectivity=0.2861904761904762)
#Kategorisierung des Tweets hinsichtlich seines Polaritätswerts:
Negative
[…]
#Aufzählung aller Tweets entsprechend des Suchbegriffs in übersichtlicher
Liste:
Positive:    6
Neutral:     9
Negative:    5
Total:          20
```

Die Analyse und eine erste Auswertung des Python-Skripts erfolgen nun im nachfolgenden Kapitel.

4. Durchführung der Sentiment-Analyse

In diesem Kapitel liegt der Fokus darauf, die Ergebnisse, die das Python-Skript erzielt hat, u.a. im Hinblick auf die Verwendung unterschiedlicher Suchanfragen zu diskutieren. Darüber hinaus erfolgt insgesamt eine erste Auswertung der eigenen Sentiment-Analyse, die mit möglichst aussagekräftigen Beispielen untermauert werden soll.

4.1. Betrachtung verschiedener Suchanfragen und deren Ergebnis-Kategorisierung

Insgesamt wurde das Python-Skript dreimal sowohl mit als auch ohne optionalen *count*-Parameter bzw. Einschränkungen zum Suchbegriff modifiziert und auf jeweils 16 Suchbegriffe angewendet; es wurde also insgesamt 48-mal ausgeführt. Es wurde mit unterschiedlichen Kombinationen von Suchbegriffen experimentiert, um zu beobachten, inwiefern die Suchanfrage die Ergebnisse beeinflussen kann. Beispielsweise wurde in einer Suchanfrage allgemein nach dem Videospiel gesucht – „The Sims 4" –, in einer anderen Suchanfrage wiederum wurde die Suchanfrage auf das neueste DLC – „My First Pet Stuff" – fokussiert, da dieses, wie in Kapitel 3.1. erläutert worden ist, Zentrum einer neueren Kontroverse um das Spiel gewesen ist. Weiterhin wurden die Suchanfragen sowohl mit dem Hinzufügen als auch mit dem Weglassen von Funktionswörtern durchgeführt und durch Wörter ergänzt, die ggf. dazu verhelfen können, die Äußerung einer Meinung oder einer Empfindung ausfindig zu machen, bspw. „Review" oder „Opinion". Eine detaillierte Auflistung aller Ergebnisse, die das Python-Skript zuwege gebracht hat, ist dieser Hausarbeit separat beigelegt.

Ein Problem, das sich recht schnell und unabhängig der spezifischen Suchanfrage herauskristallisiert hat, ist, dass eine Vielzahl von Twitter-Benutzern ihr Profil mit ihrem YouTube-Account verknüpfen, wodurch eine Vielzahl von Tweets in die Ergebnisliste mitaufgenommen werden, die z.B. wie folgt kategorisiert werden:

```
I added a video to a @YouTube playlist https://t.co/RKesarOJtd THE SIMS 4 -
VIOLENT HUNGER GAMES!
Sentiment(polarity=-1.0, subjectivity=1.0)
Negative
```

In diesem Tweet ist lediglich angegeben, dass der Inhaber des Twitter-Profils ein Video, das mit *The Sims 4* in Verbindung steht, zu einer Playlist auf YouTube hinzugefügt hat. Es liegt nahe zu vermuten, dass ein derartiger Tweet eher als neutral eingestuft werden würde, doch er ist in diesem Falle als (deutlich) negativ kategorisiert. Dies könnte daran liegen, dass der Titel des Videos die Wörter „violent" und „hunger" beinhaltet, die – schätzungsweise – als negativ besetzte Sentiment Terms von TextBlob gewertet werden. Dieses Problem ergibt sich mit einer Vielzahl dieser Art von Tweets, die mit YouTube-Videos in Verbindung stehen und die von den Twitter-Benutzern zu Playlists hinzugefügt oder mit einem „Gefällt mir" („I liked a @YouTube video […]") markiert werden. Um diesem Problem zu entgehen, ist es möglich, den Suchbegriff entsprechend zu verfeinern:

```
public_tweets = api.search('The Sims 4 Review -"I liked a @YouTube video"',
count = 100)
```

Durch den Zusatz von – „I liked a @YouTube Video" wird in diesem Falle nun sichergestellt, dass sämtliche Tweets, die diese Phrase beinhalten, nicht in die Liste von Tweets mitaufgenommen werden und somit möglicherweise die Suchergebnisse nicht verzerren. Dennoch ist nicht immer eine zwangsläufig akkurate Messung der Polarität der Tweets und eine entsprechende Kategorisierung derselben gegeben, wie im nächsten Abschnitt ausgeführt werden soll.

4.2. Beobachtungen zur Zuverlässigkeit der *TextBlob*-Analyse

Zum Teil hat die Sentiment-Analyse mit dem verwendeten Python-Skript einwandfrei funktioniert, wie eine kleine Auswahl der folgenden Beispiele illustrieren soll:

Bsp. für einen korrekt kategorisierten positiven Tweet (Suchbegriff: The Sims 4):

```
i'm just gonna go and play the sims 4 for the whole day
Sentiment(polarity=0.2, subjectivity=0.4)
Positive
```

Der Verfasser dieses Tweets gibt an, dass er plant, den ganzen Tag über *The Sims 4* zu spielen, woraus sich schließen lässt, dass die Person Gefallen an dem Spiel findet, wenn sie dazu bereit ist, sich den ganzen Tag nur diesem einen Spiel zu widmen – vorausgesetzt, dass „the whole day" nicht als Hyperbel genutzt wird. Doch selbst wenn dies der Fall sein sollte, ist die Kategorisierung des Tweets als positiv durchaus als korrekt zu bewerten.

Bsp. für einen korrekt kategorisierten negativen Tweet (Suchbegriff: The Sims 4):

```
@TanyaAGT did you hear that the Sims 4 got a DLC..for a DLC??
I want to get into the Sims 4 someday,but goddamn why is it so expensive
Sentiment(polarity=-0.5, subjectivity=0.7)
Negative
```

Dieser Tweet wird als negativ eingestuft; dies kann daran liegen, dass der Verfasser des Tweets anprangert, dass *The Sims 4* ein sehr teures Spiel ist – „why is it so expensive" –; d.h. also nicht unbedingt, dass das Spiel als solches unbedingt auf eine negative Art und Weise vom Verfasser wahrgenommen wird, aber ein nicht unwichtiger Aspekt des Spiels – nämlich der Preis – wird dennoch deutlich bemängelt und rechtfertigt durchaus die Kategorisierung des Tweets als negativ.

Bsp. für einen korrekt kategorisierten neutralen Tweet (Suchbegriff: Sims 4 DLC):

@PrankeZ13 Ich habe Sims 4 und lasse mir einfach Zeit beim kaufen der dlc
und kleinen Erweiterungen

Sentiment(polarity=0.0, subjectivity=0.0)

Neutral

Die Kategorisierung dieses Tweets als neutral erscheint passend; hier wird vom Verfasser eine einfache Aussage getätigt, die lediglich umfasst, dass er sich Zeit lässt beim Erwerb der diversen DLCs für *The Sims 4*. Er äußert daher einen Sachverhalt, der sein eigenes Kaufverhalten auf eine nüchterne Art und Weise beschreibt.

Abseits dieser Beispiele, die die korrekte Kategorisierung durch die Sentiment-Analyse mit TextBlob demonstrieren, lassen sich allerdings auch Beispiele aufführen, deren Kategorisierung sich nicht unbedingt erschließt.

Bsp. für einen inkorrekt kategorisierten positiven Tweet (Suchbegriff: My First Pet Stuff):

ts4 my first pet stuff pack is the exact reason why i pirate the sims lmfao

Sentiment(polarity=0.25, subjectivity=0.29166666666666663)

Positive

Dass dieser Tweet als positiv gewertet wird, erscheint deswegen unpassend, weil der Verfasser desselben angibt, dass er sich *The Sims 4* auf illegalem Wege beschafft – „to pirate" bedeutet ins Deutsche übersetzt, dass etwas raubkopiert wird. Als Grund dafür gibt der Verfasser das kontrovers diskutierte DLC an. Daraus lässt sich durchaus schlussfolgern, dass der Verfasser gegenüber dem Spiel – und insbesondere gegenüber dem DLC – durchaus negativ besetzte Gefühle hegt, wenngleich er das Spiel trotzdem weiterhin spielen möchte, aber eben nicht dazu willens ist, Geld dafür auszugeben.

Bsp. für einen inkorrekt kategorisierten negativen Tweet (Suchbegriff: The Sims 4):

RT @KawaiiStacieYT: (The Sims 4)

Favorite Food Mod

Base Game Version ☺

Download:

https://t.co/dIRSHAsRvd https://t.co/FpvYpUbphT

Sentiment(polarity=-0.25, subjectivity=0.76)

Negative

Für diesen Tweet erscheint es angemessener, ihn als positiv einzustufen. Hier wird auf eine Lieblings-Mod[8] für *The Sims 4* vom Verfasser verwiesen – durch das Wort „Favorite" und das lächelnde Smiley liegt es nahe, dass der Verfasser dieses Tweets hier etwas thematisiert, das ihm gut gefällt und das er mit anderen auf der Plattform entsprechend teilen möchte. Aufgrund dessen erscheint es nicht richtig, diesen Tweet als negativ zu kategorisieren.

---

[8] Abkürzung für *Modification*: Beschreiben oftmals von Konsumenten programmierte Änderungen an einem Videospiel, die in der Regel kostenfrei von anderen Spielern im Internet heruntergeladen werden können.

Bsp. für einen inkorrekt kategorisierten neutralen Tweet (Suchbegriff: Sims 4):

```
The Sims 4 is the shit. Can't believe it sat in my office this whole time
and I didn't touch it.

Sentiment(polarity=0.0, subjectivity=0.6000000000000001)

Neutral
```

Dieser vermeintlich neutrale Tweet ist eigentlich als positiv einzustufen; denn der Satz „The Sims 4 is the shit" sagt auf eine äußerst umgangssprachliche Art und Weise aus, dass dem Verfasser das Spiel sehr gut gefällt, und dass er es laut eigener Aussage selbst nicht glauben kann, dass er sich für einen zumindest längeren Zeitraum nicht mit dem Spiel befasst hat: „it sat in my office this whole time".

Insgesamt lässt sich, was die Funktionalität des Python-Skripts angeht, feststellen, dass es an und für sich gut funktioniert, wenngleich bisweilen die Einstufung in positive, neutrale und negative Tweets nicht immer einwandfrei bzw. richtig vonstattengeht. Hier könnte man ggf. die Polaritätswerte in den entsprechenden *if*-Bedingungen im Python-Skript anpassen oder ausfeilen. Dies schließt zwar nicht zwangsläufig sicher, dass die Polaritätsmessungen als solche stets richtig liegen, aber man kann dies ggf. durch eine feinere Wertbestimmung für positive, neutrale und negative Tweets ausgleichen. Leider lässt sich im Einzelfall allerdings auch nicht immer feststellen, warum ein Polaritätswert bspw. zum negativen Pol neigt, wenn sich eine negative Sentiment-Tendenz aber gar nicht im eigentlichen Tweet wiederfinden lässt. Auch aufgrund dessen kann das manuelle Kontrollieren und Verbessern der Kategorisierungen für eine akkuratere Sentiment-Analysis behilflich sein, sofern sich die Anzahl der Tweets auf eine relativ kleine Summe beschränkt. Hierfür ist der optionale *count*-Parameter definitiv von Vorteil, weil sich dank ihm bis zu 100, aber eben auch eine kleinere Anzahl von Tweets ausgeben lässt. Somit lässt sich einerseits durch eine größere Datenmenge potenziell die Repräsentativität der Ergebnisse steigern, andererseits wird jedoch auch eine bestimmte Übersichtlichkeit gewahrt. Ein weiterer Vorteil dieses spezifischen Python-Skripts besteht darin, dass es mit vielen unterschiedlichen Suchbegriffen relativ simpel und zügig mehrmals erneut getestet werden kann; zudem lassen sie sich modifizieren und einschränken, wodurch sich wiederum eine Verfeinerung der Suchergebnisse herausbilden kann. Allerdings ist dabei gleichermaßen natürlich auch zu beachten, dass dadurch eine Voreingenommenheit – welcher Art auch immer – in die Suchanfrage miteinfließen kann, wenn dieselbe derart gestaltet wird, dass sie bewusst positive und/oder negative Ergebnisse unterdrückt.

Im nächsten Kapitel der vorliegenden Hausarbeit wird abschließend auf die Frage eingegangen, inwiefern sich der kontroverse Charakter des ausgewählten Untersuchungsgegenstandes in der durchgeführten Sentiment-Analyse herausgebildet hat, und ob sich die vermutete Tendenz zu negativen Sentiments hat bestätigen lassen.

5. Fazit

Es lässt sich sogleich festhalten, dass sich der kontroverse Charakter des ausgewählten Untersuchungsgegenstandes mittels der hier durchgeführten Sentiment-Analyse nicht auf die Art und Weise hat bestätigen lassen, wie eingangs vermutet wurde, nämlich durch eine wesentliche Anzahl negativer Tweets, insbesondere zu Suchbegriffen wie „My First Pet Stuff" und „The Sims 4 DLC". So hat beispielsweise ein Durchlauf zum Suchbegriff „My First Pet Stuff" – und mit dem count-Parameter auf 100 eingestellt – ergeben, dass von gefundenen 91 Tweets zum Suchbegriff lediglich 8 als negativ eingestuft worden sind. Diese Tendenz hin zu neutralen und positiven Tweets hat sich durch die Suchergebnisse hinweg und die unterschiedlichen Modifikationen am Python-Skript manifestiert.

Einige mögliche Gründe dafür wurden in der Auswertung des Python-Skripts im vorherigen Kapitel bereits dargelegt. Ein weiterer möglicher Grund für die eher geringe Anzahl negativer Tweets lässt sich möglicherweise auch darin verorten, dass der zeitliche Rahmen der Suchfunktion standardmäßig und nicht veränderbar auf 7 Tage beschränkt ist; wenn man nun also bedenkt, dass die eigentliche Kontroverse im März 2018 ihren Höhepunkt gehabt hat, kann man zumindest vermuten, dass eventuell zu diesem Zeitpunkt die Anzahl der negativen Tweets höher gewesen ist, da sich nun eventuell die kritischen Stimmen wieder beruhigt haben. Es wäre möglich, eine derartige Hypothese in einer zukünftigen Hausarbeit mithilfe anderer Sentiment-Analysis-Tools zu untersuchen. Generell würde es sich anbieten, unterschiedliche Tools für die Sentiment-Analyse in einer anderen Hausarbeit miteinander zu vergleichen, hinsichtlich der Ergebnisse, die sie für ein kontrovers diskutiertes Thema zutage fördern. Das hier verwendete Python-Skript könnte darüber hinaus mittels Themen, Ereignisse und/oder Personen getestet werden, die gegenwärtig polarisierende Meinungen auf Twitter oder anderen sozialen Medien und/oder Netzwerken provozieren. Insgesamt ist es eine mindestens Überlegung wert, die Sentiment-Analyse zukünftig auf mehrere Plattformen auszuweiten, um die Aussagekraft der Ergebnisse ggf. zu steigern. Auch die Notwendigkeit einer menschlichen Kontrolle der Ergebnisse sollte zumindest im vorliegenden Falle nicht unterschätzt werden, wie insbesondere die Auswertung in Kapitel 4.2. aufzeigt hat.

6. Abbildungsverzeichnis

Abb. 1: Ausschnitt der Benutzeroberfläche von PyCharm I. Eigener Screenshot vom 11.04.2018.

Abb. 2.: Ausschnitt der Benutzeroberfläche von PyCharm I. Eigener Screenshot vom 11.04.2018.

7. Literaturverzeichnis

Agarwal, Apoorv/Xie, Boyi/Vovsha, Ilia/Rambow, Own/Passonneau, Rebecca (2011): *Sentiment Analysis of Twitter Data*. In: *LSM '11 Proceedings of the Workshop on Languages in Social Media*. Stroudsburg, Pennsylvania, USA: Association for Computational Linguistics. S. 30–38.

Dayal, Umeshwar/Hao, Ming /Rohrdantz, Christian/Janetzko, Halldór/Keim, Daniel A./Haug, Lars-Erik/Hsu, Mei-Chun (2011): *Visual Sentiment Analysis on Twitter Data Streams*. In: 2011 IEEE Conference on Visual Analytics Science and Technology (VAST). Providence, Rhode Island, USA: IEEE.

Evangelopoulos, Nicholas/Ignatow, Gabe/Zougris, Konstantinos (2016): *Sentiment Analysis of Polarizing Topics in Social Media: News Site Readers' Comments on the Trayvon Martin Controversy*. In: Robinson, Laura/Schulz, Jeremy/Cotton, Shelia R./Hale, Timothy M./Williams, Apryl A./Hightower, Joy L. (Hrsg.): *Communication and Information Technologies Annual (Studies in Media and Communications, Volume 11)*. Bingley, United Kingdom: Emerald Group Publishing Limited. S. 259 – 284.

Kouloumpis, Efthymios/Wilson, Theresa/Moore, Johanna (2011): *Twitter Sentiment Analysis: The Good the Bad and the OMG!*. In: *Proceedings of the Fifth International AAAI Conference on Weblogs and Social Media*. Barcelona, Spain: AAAI Press. S. 538–541.

Murthy, Dhiraj (2013): *Twitter: Social Communication in the Twitter Age*. Hoboken, New Jersey, USA: John Wiley & Sons.

Pak, Alexander/Paroubek, Patrick (2010): *Twitter as a Corpus for Sentiment Analysis and Opinion Mining*. In: *Proceedings of the International Conference on Language Resources and Evaluation, LREC 2010*. Valletta, Malta: LREC. S. 1320–1326.

Internetquellen

Jovic, Jovan (2018): *The Sims 4 My First Pet Stuff Review*.
http://simscommunity.info/2018/03/12/the-sims-4-my-first-pet-stuff-review/ [Letzter Zugriff am 13.04.2018]

Kumar, Nikhil (2017): *Twitter Sentiment Analysis using Python*.
https://www.geeksforgeeks.org/twitter-sentiment-analysis-using-python/ [Letzter Zugriff am 13.04.2018]

Loria, Steven (2018): *TextBlob 0.15.1 Documentation*.
http://textblob.readthedocs.io/en/dev/ [Letzter Zugriff am 13.04.2018]

Raval, Siraj (2016): *Twitter Sentiment Analysis - Learn Python for Data Science #2*.
https://www.youtube.com/watch?v=o_OZdbCzHUA [Letzter Zugriff am 13.04.2018]

Roesslein, Joshua (2009–2018): *Tweepy Documentation*.
http://tweepy.readthedocs.io/en/v3.6.0/index.html [Letzter Zugriff am 13.04.2018]

Twitter, Inc. Developer Documentation Authors (2018): *Search Tweets: Using standard search*.
https://developer.twitter.com/en/docs/tweets/search/guides/standard-operators [Letzter Zugriff am 13.04.2018]